27
12
I
23885

NOTICE

SUR

S^{TE} GERTRUDE

VIERGE ET MARTYRE.

Patronne de la Paroisse de Vaux-en-Dieulet, au
département des Ardennes, Diocèse
de Reims

1868

NOTE SUR VAUX-DIEULET.

La Paroisse de Vaux-en-Dieulet, vulgairement Vaux-Dieulet (en latin, *Parochia vallium in dio læto*) est ainsi nommée, parce qu'elle est située dans la principale vallée d'une petite contrée, appelée anciennement le Dieulet, entre Beaumout au Nord, et Buzancy au Midi ; à trois moyennes lieues, ou quinze Kilomètres de Mouzon, ci-devant province de Champagne, et diocèse de Reims, maintenant département des Ardennes.

VIE

DE SAINTE GERTRUDE

Sainte Gertrude, Vierge et Martyre, Patronne de la Paroisse de Vaux-en-Dieulet, est différente de plusieurs autres saintes Vierges du même nom; 1°. de Sainte Gertrude, première abbesse de Nivelle, qui vivait au septième siècle, et dont la fête est marquée au 17 Mars; 2°. de Sainte Gertrude, fille de Ste Elisabeth de Hongrie, dans le treizième siècle, dont on fait mémoire le 13 Août; 3°. d'une autre Sainte Gertrude, Patronne de plusieurs Paroisses de l'ancien Diocèse de Toul, qui l'honorent le 17 d'Octobre.

La Sainte, que nous révérons à Vaux-Dieulet, était originaire du Diocèse de Chalons sur Marne, et y vivait dans le même temps que Ste Hould, Ste Ménehould, Ste Manne, Ste Ame, Ste Susanne, etc.

L'histoire de l'Eglise, ci-devant métropolitaine de Reims, (imprimée en latin en 2 volumes in fol.) rapporte la vie de ces Saintes filles au quatrième siècle de l'ère chrétienne, en supposant qu'elles étaient sœurs des SS. Eucaire et Elophe et Ste Libaire, qui ont souffert le martyre, dans le Diocèse de Toul, vers l'an 362, sous l'empire de Julien l'apostat.

Mais Dom Calmet (histoire de Lorraine tôme 1ᵉʳ. liv, 5.) dit que « quand on examine « les choses à fond, et que l'on veut concilier « les dates et les autres circonstances de leur « histoire, ou est obligé d'abandonner ce sen- « timent et dire que St Elophe, St Eucaire « et Ste Libaire sont plus anciens d'environ « cent ans que les autres Stes Vierges, dont « on vient de parler , qui ont vécu sous St « Alpin, Evêque de Châlons-sur-Marne, vers « l'an 461. »

Suivant ce sentiment le martyre de notre Sainte Gertrude doit être rapporté au temps que les Francs, encore payens, établissaient leur monarchie dans les Gaules, avant la con- version du roi Clovis au christianisme, c'est-à- dire, avant l'an 480.

Gertrude, quoique née d'un père attaché opiniâtrement aux erreurs du Paganisme, eut le bonheur de croire en Jésus-Christ et de re- naître spirituellement dans les eaux du Bap- tême.

Arrivée à l'âge de choisir un état, elle pré- féra celui de la virginité. Elle suivit l'avis de St Paul, en refusant de s'allier par le ma- riage à un époux qui, n'étant pas chrétien, l'eut gênée dans les exercices de sa religion, ou ne lui eut pas permis d'élever ses enfants chrétiennement. Sa fermeté dans cette sainte résolution, lui attira des mauvais traitements de la part de son père barbare ; ses propres frères furent ses persécuteurs.

Gertrude, pour se soustraire aux traitements

inhumains et au danger de perdre la foi, s'éloigna de sa famille : Dieu la conduisit dans le Dieulet, à dix-huit lieues de Châlons, dans le diocèse de Reims.

Elle se retira d'abord dans une vallée du Dieulet, dite la Vuamelle, où l'abbaye de Belval fut fondée vers l'an 1150 par les Disciples de St Nobert. Elle passa ensuite à l'autre extrémité du Dieulet, vers le Couchant, dans un autre vallon, (que les anciens titres nomment le Bos ou le bois de Noé) appelé aujourd'hui le bout de Noé ; où coule une source d'eau, qui a toujours été appelée la sainte fontaine, ou la fontaine de sainte Gertrude. Ce vallon qui est maintenant cultivé, termine le territoire, vers celui de St-Pierremont.

Les deux frères de Gertrude, qui l'avaient suivie dans sa fuite, ayant découvert le lieu de sa retraite, la poursuivirent, comme elle fuyait encore devant eux, jusque sur le sommet de la côte, entre le village de Vaudieulet et celui de Sommauthe, et là ils la percèrent des flèches dont ils étaient armés. Elle couronna ainsi sa vie pure par une sainte et glorieuse mort.

Son corps fut inhumé au même lieu sur la montagne ; les fidèles accoururent à son tombeau, il s'y opéra des guérisons ; ses ossements furent dans la suite recueillis et transportés avec solennité dans l'Eglise paroissiale qui fut dédiée sous son invocation ; et le nom de Ste Gertrude fut inséré depuis dans les litanies qui se chantent à la bénédiction des fonds batismaux dans tout le diocèse de Reims.

La translation des reliques de Ste Gertrude a été faite le jour de l'Ascension de notre Seigneur Jésus-Christ ; et la fête de cette Sainte a été fixée dès lors au vendredi suivant. On en rapporte l'époque au temps de Charles Martel. On se fonde sur un extrait du manuscrit de l'abbaye de Belval, dont l'historien de Reims fait mention : et en effet, la vieille Eglise, bâtie alors, dont l'emplacement se voit hors du village, et qui a subsisté jusqu'en 1774, était dans la forme et le goût de celles du pays bâties dans le siècle de Charlemagne.

Le grand concours des fidèles, qui s'est renouvelé chaque année, a donné lieu à une foire, qui continue de se tenir, à Vaux-Dieulet. le jour même de l'Ascension. On a continué de même à faire, le vendredi jour de Ste Gerrude, une procession solennelle, à laquelle assistaient en grand nombre les fidèles des Paroisses voisines et de la Champagne. On y portait le reliquaire en forme de globe contenant le chef de la Sainte, et la chasse renfermant ses autres ossements. La première station se faisait à la sainte fontaine, et la séconde, au tombeau de Ste Gertrude, sur la montagne. Les deux autels de pierres qui étaient à ces deux stations, ont été abattus, et la procession supprimée, par l'effet des lois révolutionnaires, qui, en 1794, ont détruit les objets du culte, et interdit tout exercice de religion hors l'enceinte des temples.

Le procès-verbal d'érection de l'Eglise de

Sommauthe, en 1649, porte que l'on a tiré de la chasse de Ste Gertrude une parcelle de ses reliques, pour l'insérer dans la pierre d'autel de cette nouvelle Eglise. Ainsi l'authenticité de ces reliques a été reconnue par l'autorité de l'évêque diocésain. Aussi l'historien de l'Eglise de Reims remarque qu'elles ont toujours été conservées religieusement.

Le curé et les paroissiens ont redoublé de zéle pour soustraire ces mêmes reliques à la dévastation de leur Eglise en 1794. Ils ont eu soin de les tirer de la chasse, et les ont tenu cachées pendant cinq ans et demie dans l'intérieur du mur de l'Eglise, et ne les ont en retirées qu'en 1799, pour les exposer de nouveau à la vénération des fidèles.

Le chef de Ste - Gertrude est enfermé dans un globe de cuivre, séparément du reste des reliques. Les autres ossements sont contenus dans un coffre de fer, très-ancien et tout rouillé, lequel est fermé de deux serrures, dont les clefs ne sont pas en nos mains, (elles ont été portées sans doute à Reims) ; et ce coffre est renfermé dans une chasse très-ancienne, faite en bois de chêne, ornée de sculptures et de peinture, qui rappellent les principales circonstances du martyr de Ste-Gertrude.

Dans le premier tableau, Gertrude touche de son bâton, la source de la Ste fontaine. Dans le deuxième, ses deux frères ont leurs arcs tendus, pour la percer de leurs flèches. Dans troisième, les deux assassins comparaissent devant un juge assis sur son tribuual. Dans le quatrième , Sainte Gertrude a la couronne du martyr sur la tête, et la palme en main ; et à côté d'elle sont des Pélerins à genoux, et le curé de la Paroisse, en costume très-ancien de Chanoine régulier prémontré. Ces peintures ont été renouvelées en 1671, et en 1785, en y faisant repasser le pinceau du peintre ; sans rien changer aux figures.

Conclusions. On a dû remarquer, en lisant cet écrit, que la tradition du pays, sur la vie et le martyre de notre Ste Gertrude, est appuyée sur des monuments certains , propres à en perpétuer la mémoire jusqu'à la fin des siècles. Le vallon qui a donné retraite à cette Sainte fille, la fontaine qui porte son nom, son tombeau sur la montagne , la possession de ses reliques, la vieille Eglise dédiée (ainsi que la nouvelle) sous son invocation, sa fête solennisée à jour fixe , son nom invoqué dans les litanies du Diocèse, les très-anciennes peintures sur la chasse de ses reliques, le manuscrit de l'abbaye de Belval, cité dans l'histoire de l'Eglise de Reims, le procès-verbal de l'insertion d'une parcelle de ses reliques dans l'Autel de Sommauthe ; enfin le concours annuel et toujours nombreux des fidèles du pays, au jour de sa fête, sont les preuves justificatives de son histoire, et de son culte.

LITANIES DE SAINTE GERTRUDE.

Seigneur, ayez pitié de nous.
Christ, ayez pitié de nous.
Seigneur, ayez pitié de nous.

Jésus-Christ, écoutez-nous.
Jésus-Christ, exaucez-nous.
Père céleste, qui êtes Dieu , faites-nous misé-
ricorde.
Fils Rédempteur du monde, qui êtes Dieu,
faites nous miséricorde.
Esprit-Saint, qui êtes Dieu, faites-nous misé-
ricorde.
Trinité-Sainte, qui êtes un seul Dieu faites-
nous miséricorde.
Sainte Marie, Vierge des Vierges, Mère de
Dieu, priez pour nous.
Sainte Gertrude, prédestinée de Dieu, priez
pour nous.
Sainte Gertrude, prévenue des grâces du Sei-
gneur, dès votre enfance, priez etc.
Sainte Gertrude séparée, par la vocation divi-
ne, d'une famille infidèle, pour entrer
dans le sein de l'Eglise, priez pour nous.
Sainte Gertrude, fidèle aux vœux de votre
baptême, priez pour nous.
Sainte Gertrude, formée de bonne heure à la
pratique des vertus chrétiennes, priez etc.
Sainte Gertrude, docile aux instructions du St
Evêque, votre pasteur, priez etc.
Sainte Gertrude, qui avez méprisé les vaines
pompes du siècle, priez pour nous.
Sainte Gertrude, qui avez préféré l'époux cé-
leste à tous les époux de la terre, priez etc.
Sainte Gertrude, qui avez conservé votre foi au
milieu des persécutions de vos proches,
priez pour nous.
Sainte Gertrude , qui avez quitté pour Jésus-

Christ, ce que vous aviez de plus cher dans le monde, priez pour nous.

Sainte Gertrude, qui avez été conduite par la main de Dieu, dans votre retraite, priez pour nous.

Sainte Gertrude, pour qui les eaux du Dieulet ont coulé dans ce désert, priez pour nous.

Saite Gertrude, qui avez été immolée par des frères barbares sur la montagne de ce territoire, priez pour nous.

Sainte Gertrude, glorifiée par les guérisons miraculeuses opérées à votre tombeau, priez pour nous.

Sainte Gertrude, dont les précieuses reliques. reposent dans cette Eglise, priez etc.

Sainte Gertrude, Vierge et Martyre, couronnée et triomphante dans le Ciel, priez etc.

Agneau de Dieu, qui effacez les péchés du monde, pardonnez-nous.

Agneau de Dieu, qui effacez les péchés du monde, faites-nous miséricorde.

Agneau de Dieu, qui effacez les péchés du monde, donnez-nous la paix.

Jésus-Christ, écoutez-nous. Jésus-Christ exaucez-nous.

Notre Père qui êtes dans les Cieux, etc.

Prière. Dieu tout-puissant et miséricordieux, qui, en inspirant à la bienheureuse Gertrude le don de la Foi et l'amour de la virginité, lui avez donné aussi le courage de fuir et de mourir pour conserver ces dons précieux ; daignez accorder aux fidèles, qui invoquent cette Ste Vierge et Martyre et qui révèrent ses honorables reliques, la fermeté dans la Foi, la pureté des mœurs, la guérison de leurs maladies, la consolation dans leurs afflictions, le secours dans leurs besoins spirituels et temporels, et le salut éternel. Nous vous en supplions par notre Seigneur Jésus-Christ votre Fils, qui vit et règne avec vous. Ainsi soit-il.

Les Pélerins ont coutume de faire trois stations dans l'Eglise, l'une devant le grand Autel, l'autre à la chapelle de la Ste Vierge, la troisième à la chapelle de Ste Gertrude. Quelques-uns vont faire une quatrième station à la Ste Fontaine, et une cinquième à la tombe de Ste Gertrude, sur la montagne.

Ils récitent à chaque station cinq Pater et cinq Ave Maria. Ils peuvent ajouter aux deux dernières stations les prières qui suivent.

A la station de la sainte fontaine.

Antienne. Le peuple but de l'eau qui coulait de la pierre (dans le désert). Or cette pierre figurait Jésus - Christ . *(St-Paul aux Corint.)*

ỳ. Vous puiserez des eaux des fontaines du Sauveur. ℞ Des eaux qui rejaillissent jusqu'à la vie éternelle. *Isaïe, 12 St Jean 4.*

Prière. O Dieu, qui avez fait sortir les eaux du rocher dans le désert pour apaiser la soif de votre peuple, afin qu'il ne mourut pas ; faites que les fidèles, qui honorent la mémoire de Ste Gertrude en puisant de l'eau dans cette fontaine pour tempérer l'ardeur de leurs fièvres, y reçoivent aussi l'eau de la grâce dont Jésus-Christ votre fils est la source, pour étein-

dre la soif des convoitises et arrêter les déré-
glements des passions, afin qu'ils ne meurent
point pour l'éternité. Nous vous en supplions
par le même Jésus-Christ etc. Ainsi soit-il.

A la tombe de Sainte Gertrude.

Antienne. Le corps mort d'un homme ayant
été jeté dans le sépulcre d'Elisée, dès qu'il eut
touché les os du Prophète, le mort ressuscita
et se leva sur ses pieds. *(4 Rois. 13.)*

℣ Dieu a tiré toutes choses du néant.

℟ Il est aussi puissant pour ressusciter les
morts. *(St Paul Rom. 4.)*

Prière. C'est vous, Seigneur, qui blessez et
qui guérissez, qui conduisez aux portes de la
mort, et qui en ramenez ceux que vous voulez,
daignez manifester votre puissance et votre
miséricorde sur nous, en accordant aux malades
qui honorent les cendres de Ste Gertrude,
vierge et martyre, la guérison de leurs maladies
et la délivrance de leurs maux, pour la sancti-
fication et le salut de leurs âmes, afin qu'ils
vous glorifient au jour de la résurrection bienheureuse. Nous vous le demandons par les
mérites de Jésus-Christ notre Seigneur. Ainsi
soit-il.

Ceux des Pélerins, qui ne vont point à la
sainte Fontaine et à la tombe, font leur procession dans l'Eglise, ou à l'entour dans le cime-
tière.

FIN.

Sedan. — Typ. ...